Elif Bale Yapıyor

Yazan: Liane Schneider
Resimleyen: Eva Wenzel-Bürger

Orijinal Adı: Conni tanzt
Copyright text and illustrations © by CARLSEN Verlag GmbH, Hamburg 1998
First published in GermanrT under the title CONNI TANZT
All rights reserved

Türkiye yayın hakları: © 2019, Türkiye İş Bankası Kültür Yayınları
Sertifika No: 40077

ISBN: 978-625-429-126-5 / Genel yayın numarası: 5573
Çeviren: Aylin Gergin / Editör: Nevin Avan Özdemir

1. Basım: Haziran 2022

Bu kitabın hiçbir bölümü, yayıncının yazılı izni alınmaksızın herhangi bir elektronik ya da mekanik yöntem kullanılarak kopyalanamaz veya yayınlanamaz.

Baskı: UMUT KAĞITÇILIK SAN. VE TİC. LTD. ŞTİ.
Keresteciler Sitesi Fatih Cad. Yuksek Sok. No:11/1
Merter/Güngören İstanbul
(0212) 637 04 11   Sertifika No: 45162

TÜRKİYE İŞ BANKASI KÜLTÜR YAYINLARI
İstiklal Caddesi, Meşelik Sokak No: 2/4
Beyoğlu 34433 İstanbul
Tel: (0212) 252 39 91
Fax: (0212) 252 39 95
www.iskultur.com.tr

Opera salonunda çocuklar için uyarlanan bale gösterisi *Uyuyan Güzel* sahnelenmişti. Elif, üçüncü sırada oturmuş ve hayranlıkla, Uyuyan Güzel'in dans edişini izlemişti. Gösteriyi izlerken, büyüyünce ne olmak istediğine karar verdi: Balerin.

O günden sonra her gün oturma odasında dans eden Elif, sürekli dönüyor, atlıyor ve zıplıyordu. Yine bir gün evde bale yaparken, birden bir şangırtı duyuldu. Elif vazoyu devirmişti. Annesi, dans etmeyi bale okulunda daha iyi öğreneceğini söyledi. Tatilden sonra Elif'i bale okuluna yazdıracaktı.

İlk bale dersi Salı günüydü. Elif soyunma odasında spor kıyafetlerini giydikten sonra salona geçti ve merakla etrafa göz gezdirdi. Duvarlardan biri tamamen ayna ile kaplanmıştı. Bir de ahşaptan uzun bir bale barı vardı. Selin Öğretmen çok sevimli ve güler yüzlüydü.

Önce tüm çocuklar yere oturdu. Herkes tek tek ismini söyleyip kısaca kendini tanıttı. Çocuklar böylece birbirlerini daha çabuk tanıdılar.

Selin Öğretmen, çocukların ayak parmaklarını öne doğru uzatmalarını istedi. Çocuklar otururken ayak parmaklarını germeyi, kaldırmayı ve yana döndürmeyi çalıştılar. Balerinler ve baletler için dik durmak çok önemliydi. Bu nedenle Selin Öğretmen çocukların arasında dolaşıp, dik durmayanların sırtına hafifçe dokunarak dik durmalarını sağlıyordu.

Çocuklar şimdi de bale yaparken bale barında nasıl hareket edeceklerini öğreniyorlar. Ayak topukları birbirine bitişik, ayak uçları dışarıya bakıyor.

Selin Öğretmen, "Şimdi karnımızı içeri çekelim! Sırtımızı dik tutalım!" diye seslendi. Elif'e kollarını nasıl uzatması gerektiğini anlattı. Ardından çocuklara dört farklı duruş pozisyonunu açıkladı. Bu arada bazı yabancı kelimeler kullandı, çünkü bale duruşlarının ve bale adımlarının Fransızca isimleri vardı.

Selin Öğretmen sakin bir müzik açtı. Çocuklar salonun ortasına toplandı.

"Şimdi bir buz sarkıtı olduğunuzu düşünün," dedi Selin Öğretmen. "Birden güneş doğuyor ve erimeye başlıyorsunuz. Yere uzanalım."

Elif, "Erimiş dondurma gibi oldum," dedi gülerek. Tüm çocuklar yere uzanıp gevşedikten sonra bale dersi sona erdi. Bu derste çok eğlenen Elif, bir sonraki ders için sabırsızlanmaya başladı.

Elif bale kıyafeti giymeyi çok istiyordu. Annesi onu bale kıyafetlerinin satıldığı bir mağazaya götürdü. Mağazada birbirinden güzel kıyafetler vardı. Elif tüllü bir bale kıyafeti istedi.

Annesi, "Bale gösterin olduğunda sana tütü alırız," dedi. Etekli pembe bir bale mayosu ve pisipisi yani bale ayakkabısı aldılar.

Çocuklar bir sonraki derste ayak duruşlarını daha kolay yapmaya başladılar. Şimdi de bale barında Plie hareketini öğrenmeye başladılar. Dizler bu harekette jimnastikte olduğu gibi öne doğru değil, yana doğru bükülüyordu. Bacakların arası da açılıyordu. Çocuklar bu hareketi çalıştıktan sonra bir bacaklarını öne doğru uzatıp ayak parmaklarıyla yere dokunmaya çalıştılar. Ardından müzikle birlikte, öğrendikleri hareketleri tekrar ettiler.

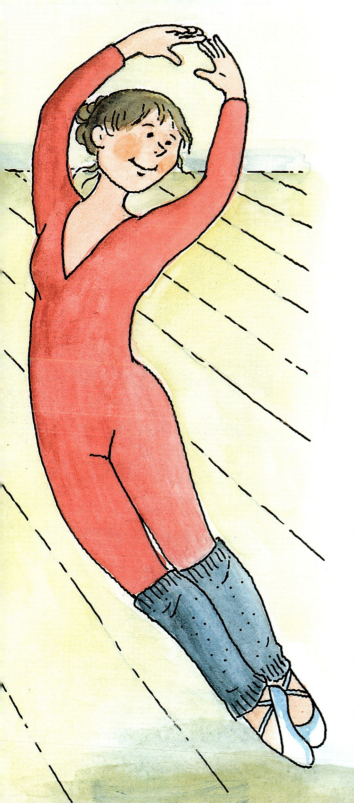

Selin Öğretmen, orman sesleri müziği çaldı. Çocuklar ormanda yaşayan hayvanları canlandırdılar. Elif küçük bir karaca oldu. Ürkekçe yürürken etrafına baktı, dinledi ve neşeyle zıplamaya başladı.

Selin Öğretmen de onlarla birlikte dans etti. Bir kuş gibi havalandı ve usulca yere kondu. Çocuklara da zıplamalarını, zıplarken ayak parmaklarını germelerini ve yumuşakça yere konmalarını söyledi.

Çocuklar ilk başta yere konarken fil sürüsü gibi ses çıkardılar. Ama biraz çalıştıktan sonra daha sessiz hareket edebildiler. Selin Öğretmen dersi bitirirken, çocuklara nasıl reverans yapabileceklerini de öğretti.

Her bale dersinde önce bale barında, sonra salonda çalıştılar. Elif büyük Plie (Demi Plie, Grand Plie) hareketini öğrendi ve bacaklarını her yöne doğru uzatmayı başardı.

Çocuklar sıklıkla esneme hareketleri yaptılar, böylece vücutları esneklik kazanacaktı. Elif birkaç ders sonra parmak ucunda durmayı ve kedi gibi sıçramayı (Saut de chat) başardı. Yakında bacakları yanlara tam açma hareketi olan 'spagat'ı da yapabilir miydi acaba?

Elif o gün bale dersinden eve döndüğünde çok heyecanlıydı. Çok yakında gerçek bir sahnede dans edecekti! Hem de Kar Tanesi rolünde. Elif hemen Kar Tanesi olarak nasıl dans edeceğini gösterdi annesine.

Bale derslerinde gösteri için yoğun şekilde hazırlanmaya başlamışlardı. Elif tütü giyeceği için çok mutluydu. Saatlerce ayna karşısında parmak ucunda dönerek çalışıyordu. Gösteriden önceki akşam dans adımlarını tekrar etti. Heyecandan neredeyse uyuyamayacaktı.

Çocuklar gösteriden önce Selin Öğretmen ile birlikte ısınma hareketlerini yaptılar. Elif'in hafif bir mide bulantısı vardı. "Midem bulanırken nasıl dans edeceğim?" diye iç çekti kendi kendine. Sürekli olarak perdedeki küçük delikten salona bakıyordu. Ne kadar çok seyirci vardı!

Elif'in bacakları gittikçe ağırlaştı. O sırada birden müzik çalmaya başladı ve perde açıldı. Sahne ışıl ışıldı. Seyircilerin oturduğu alan ise kapkaranlıktı, kimse görülmüyordu. Elif'in tüm endişeleri kayboluverdi. Arkadaşlarıyla birlikte gösteriyi hatasız bitirdi. Salonda alkış koptu.

Ertesi gün gazetede Elif ve arkadaşlarının fotoğrafı yer aldı. Fotoğrafın altında bir yazı da vardı: "Kar Taneleri danslarıyla seyirciyi büyüledi."

Elif gazete sayfasını gururla ve mutlulukla odasının duvarına astı. Acaba seneye de gazetelere çıkabilecek miydi?